Comenzó con una pizza

Variables, expresiones
y ecuaciones

Dawn McMillan

Créditos de publicación

Editora
Sara Johnson

Directora editorial
Dona Herweck Rice

Editora en jefe
Sharon Coan, M.S.Ed.

Directora creativa
Lee Aucoin

Editora comercial
Rachelle Cracchiolo, M.S.Ed.

Créditos de imagen

La autora y los editores desean agradecer y reconocer a quienes otorgaron su permiso para la reproducción de materiales protegidos por derechos de autor: portada Pearson Education/Lindsay Edwards; pág. 1 Pearson Education/Lindsay Edwards; pág. 3 Pearson Education/Lindsay Edwards; pág. 4 Alamy; pág. 5 Pearson Education/Lindsay Edwards: pág. 6 Pearson Education/Lindsay Edwards; pág. 7 Big Stock Photo; pág. 8 Big Stock Photo; pág. 9 Dreamstime; pág. 11 Corbis; pág. 12 Shutterstock; pág. 13 (arriba) Big Stock Photo; pág. 13 (abajo) Rob Cruse; pág. 14 (arriba a la izquierda) Shutterstock; pág. 14 (arriba al medio) 123 Royalty-Free; pág. 14 (arriba a la derecha) Pearson Education/Alice McBroom; 14 (abajo a la izquierda) iStock Photo; pág. 14 (abajo al medio) Shutterstock; pág. 14 (abajo a la derecha) iStock Photo; pág. 16 Shutterstock; pág. 17 Photos.com; pág. 18 123 Royalty-Free; pág. 19 Shutterstock; págs. 20-21 Photolibrary.com/Detlev Van Ravenswaay; pág. 22 (izquierda) Photolibrary.com/Gerard Fritz; pág. 22 (derecha) Big Stock Photo; pág. 23 (ambas) Big Stock Photo; pág. 24 NASA; pág. 26 (todas) Big Stock Photo; pág. 27 iStock; pág. 29 Shutterstock

Si bien se ha hecho todo lo posible para buscar la fuente y reconocer el material protegido por derechos de autor, los editores ofrecen disculpas por cualquier incumplimiento accidental en los casos en que el derecho de autor haya sido imposible de encontrar. Estarán complacidos de llegar a un acuerdo idóneo con el propietario legítimo en cada caso.

Teacher Created Materials

5301 Oceanus Drive
Huntington Beach, CA 92649-1030
http://www.tcmpub.com

ISBN 978-1-4938-2944-6

Contenido

Las matemáticas en los alimentos

El día de mi cumpleaños, invité a dos de mis amigos a cenar a una pizzería. Por supuesto, pedimos pizza. ¡A todos nos encanta la pizza! Nos sentamos con mamá, papá y mi hermano mayor. El mesero trajo dos pizzas a la mesa.

—¡Dos pizzas! —bromeó papá—. Una para mí y mama, y la otra para ustedes.

—¡Eso no es justo! —exclamé—. Significa que tú y mamá comerán 2 porciones cada uno. Eso es media pizza. Nosotros comeremos solo 1 porción cada uno. ¡Es solo un cuarto de pizza!

—No te preocupes —dijo mamá—. Podemos pedir otra pizza. Ustedes cuatro podrán compartir 2 pizzas.

Antes de que pudiéramos darnos cuenta, el mesero ya había traído otra pizza para que compartiéramos los niños.

—Muy bien —dijo mi hermano mayor, que se considera muy bueno en matemáticas—. Si todos comemos un cuarto de las dos pizzas, ¿qué fracción de una pizza entera comerá cada uno?

Nuestras pizzas

EXPLOREMOS LAS MATEMÁTICAS

Las **variables** son letras o símbolos que pueden usarse para **representar** números. Con frecuencia, se usa la letra *x* para representar un número. Una **ecuación** es un enunciado matemático que muestra 2 números o cantidades iguales. Se escribe con un signo igual.

Observa las imágenes de arriba. Muestran las pizzas que se comieron en la cena de cumpleaños. Cada pizza tenía 4 porciones. Se puede usar la ecuación $\frac{1}{4} + \frac{1}{4} = x$ para conocer la fracción de pizza que comió cada niño.

a. ¿Qué representa la *x*?

b. ¿A qué es igual la *x*?

Miré a mis dos amigos y dije:

—Muy fácil. Cada uno de nosotros come un cuarto de una pizza y luego un cuarto de la otra. Eso es dos cuartos, es decir, media pizza. Cada uno de nosotros comerá la misma fracción de pizza que mamá y papá. Podemos escribir una ecuación para mostrar las fracciones equivalentes: $\frac{2}{4} = \frac{1}{2}$.

$$\frac{2}{4} = \frac{1}{2}$$

Cada uno comió
2 cuartos de pizza.

Mamá y papá
comieron media
pizza cada uno.

Más tarde esa noche, de vuelta en casa, tomé una manzana como refrigerio. Corté la manzana en rodajas. Rápidamente, mi hermano mayor comió 3 de esas rodajas. Quedaron 5 rodajas para mí. Usé las matemáticas para saber cuántas rodajas tenía al comienzo.

¿Cuántas rodajas?

Puedo usar la ecuación $x - 3 = 5$ para saber cuántas rodajas tenía al comienzo.

La x representa la cantidad de rodajas que tenía al comienzo.
El 3 representa las rodajas que comió mi hermano.
El 5 representa las rodajas que me quedaron.

Puedo sumar para hallar x.
$$x - 3 = 5$$
$$5 + 3 = x$$
$$5 + 3 = 8$$
Eso significa que tenía 8 rodajas al comienzo.

Las matemáticas están en todas partes

Más tarde esa noche, mi hermano y yo seguimos hablando de matemáticas. Nos dimos cuenta de que podíamos usar las matemáticas para conocer cuántas horas dormimos durante las noches de la semana. Nos vamos a dormir a las 8:00 p. m. y nos levantamos a las 7:00 a. m. para prepararnos para ir a la escuela.

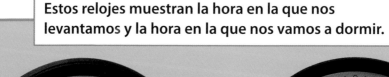

Estos relojes muestran la hora en la que nos levantamos y la hora en la que nos vamos a dormir.

7:00 a. m.   8:00 p. m.

Puse la cabeza en la almohada y seguía pensando en las matemáticas. Pensé en el **medio ambiente** y en el mundo que me rodea. Pensé en todas las cosas que hace la gente. Y empecé a entender que las matemáticas están en todas partes.

Decidí que mañana haría una prueba para ver en cuántos lugares podía encontrar las matemáticas en un día.

EXPLOREMOS LAS MATEMÁTICAS

Una **expresión** es un conjunto de variables, números y operaciones que representan un número o una cantidad. Una expresión no incluye un signo igual.

Al día siguiente, conté los vehículos que pasamos en la carretera durante el viaje a la escuela. Conté 25 automóviles, 14 camionetas y algunos autobuses. Me di cuenta de que podía escribir una expresión para expresar el número total de vehículos que pasamos.

Escribe la expresión de la que hablamos anteriormente.

Las matemáticas en casa

En la habitación

Después de la escuela, busqué en mi habitación diferentes ejemplos de las matemáticas. Cada cosa en mi habitación ocupa una cantidad diferente de espacio.

Usé papel cuadriculado y dibujé un plano sencillo del piso de mi habitación. Dibujé el espacio que ocupa mi cama. También tengo un escritorio, un librero, un vestidor, una mesa de noche y una alfombra. Mi hermano me ayudó a determinar cuánto espacio ocupaba cada uno de los muebles.

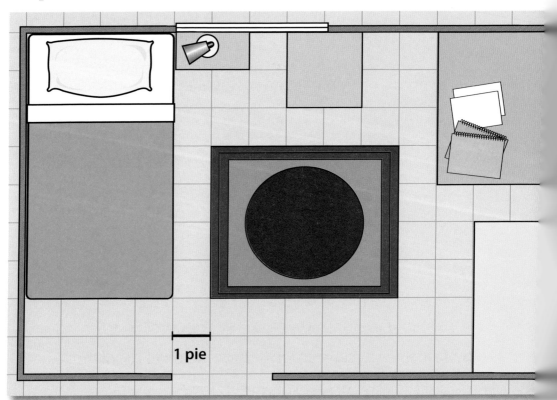

1 pie

Me di cuenta de que las matemáticas se podían reflejar en mi plano. Podía calcular los perímetros y las superficies de los objetos en mi habitación. También podía usar las **dimensiones** para reorganizar mi habitación y diseñar un nuevo plano.

EXPLOREMOS LAS MATEMÁTICAS

La habitación tiene un área total de 126 pies cuadrados. Los muebles de la habitación ocupan 74 pies cuadrados. Supongamos que la x representa la cantidad de espacio sin usar en la habitación.

a. ¿Qué ecuación se podría usar para calcular la cantidad de espacio sin usar en la habitación?

b. Resuelve la ecuación que escribiste en el problema **a**.

c. ¿Qué harías con el espacio sin usar?

En la cocina

Luego entré a la cocina para ayudar a preparar la cena. La cocina es otro espacio maravilloso para encontrar las matemáticas. Las **recetas** muestran las medidas de los ingredientes. Y las cantidades de las recetas se pueden aumentar o disminuir usando la multiplicación y la división.

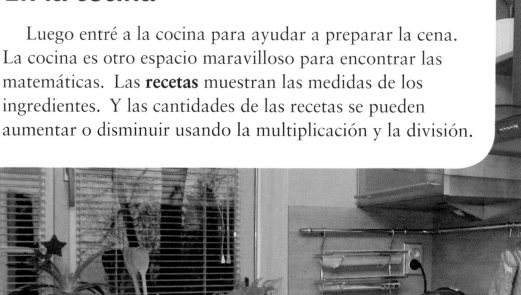

La masa para pizza de mamá
Rinde para 1 pizza

Ingredientes

2 tazas de harina común
$\frac{3}{4}$ de taza de agua tibia
1 cucharadita de azúcar en polvo
$\frac{1}{2}$ cucharadita de sal
2 cucharadas de aceite de oliva
8 gramos de levadura en polvo

Hay muchos utensilios de cocina que se usan para medir ingredientes. Las cucharas para medir tienen tamaños diferentes: cucharadita de $^1/_8$, cucharadita de $^1/_2$ y cucharadita de $^1/_4$. Son todas fracciones de 1 cucharadita. Las tazas medidoras están marcadas con estas medidas fraccionadas: $^1/_2$ taza, $^1/_3$ de taza y $^1/_4$ de taza. Son todas fracciones de 1 taza.

cucharas para medir

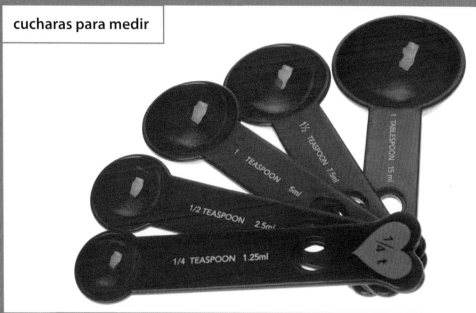

tazas para medir

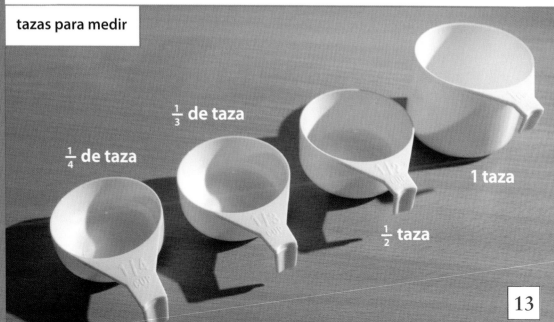

$\frac{1}{3}$ de taza

$\frac{1}{4}$ de taza

1 taza

$\frac{1}{2}$ taza

Mamá y yo decidimos cocinar pizza para la cena. Seguimos su receta, pero tenemos que duplicarla para hacer 2 pizzas. Eso significa que tenemos que multiplicar cada **cantidad** de los ingredientes de la receta por 2.

Fue fácil duplicar las cantidades de harina, azúcar, aceite de oliva y levadura en polvo. Debido a las fracciones fue difícil duplicar la cantidad de agua y sal. Mamá sugirió que usáramos la suma repetida.

Cantidades dobles

Agua

$\frac{3}{4} + \frac{3}{4} = \frac{6}{4} = 1\frac{1}{2}$ tazas de agua

Sal

$\frac{1}{2} + \frac{1}{2} = \frac{2}{2} = 1$ cucharadita de s

levadura en polvo

sal

agu

aceite de oliva

harina

azúcar en polvo

Nombres matemáticos

Mientras mamá y yo cocinábamos, me di cuenta de que podemos hablar de los números de diferentes maneras. Observé la balanza de cocina. Dos tazas de harina pesan cerca de 8 onzas. Si 8 onzas equivalen a $\frac{1}{2}$ libra, entonces 8 onzas son también el 50 % de una libra. Y 50 % también se puede escribir como el número decimal 0.5.

La cantidad permanece igual. No importa si usas decimales, porcentajes o fracciones.

EXPLOREMOS LAS MATEMÁTICAS

Cuando duplicamos la receta de la masa para pizza, calculamos que se necesitaban 16 gramos de levadura en polvo. La levadura en polvo viene en paquetes de 2 gramos cada uno. Podemos usar la variable p para representar la cantidad de paquetes que necesitamos usar.

a. ¿Cuál de las ecuaciones a continuación podrías usar para averiguar el número de paquetes que necesitas para la receta?

1. $2 + p = 16$ **2.** $2p = 16$ **3.** $2 \div p = 16$

b. Usa la ecuación que elegiste para averiguar cuántos paquetes de levadura se necesitan para la receta.

Las matemáticas y el cuerpo humano

Papá entró a la cocina y dijo:

—Voy a mostrarte otra cosa que puedes hacer con las matemáticas. ¡Ven conmigo!

Me llevó hasta un espejo de cuerpo entero. Y luego se paró al frente y dijo:

—Un gran ejemplo de **proporciones** nos está mirando desde el espejo.

Observé el **reflejo** de papá. Su cabeza es casi $\frac{1}{8}$ de su cuerpo. Entonces, el cuerpo humano tiene unas 8 cabezas de altura. Eso significa que el cuerpo es casi tan alto como 8 cabezas de ese cuerpo, puestas una encima de la otra.

En otras palabras, la razón de la cabeza en relación con el resto del cuerpo es de 1 en 8; la cabeza representa $\frac{1}{8}$ de la altura de todo el cuerpo.

Luego, papá se alejó del espejo.

—Ahora es tu turno —me dijo—. Observa tu rostro atentamente.

Observé mi reflejo. Noté que mi rostro era **simétrico**.

Después encontré una revista. Observé algunos de los rostros y vi que también eran simétricos.

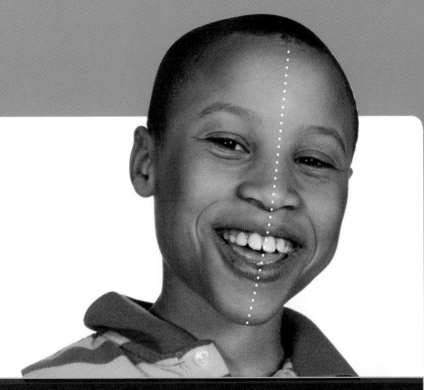

Más rostros

Había 4 rostros en la revista que no eran simétricos. Los rostros de esas personas tenían pecas. Escribí una expresión para mostrar la cantidad total de rostros que había encontrado en la revista: 4 + 18. ¿Qué representa el número 18?

El 18 representa la cantidad de personas con rostros simétricos.

Después de la cena salí a jugar con mis amigos del vecindario. Noté que a Nita, la hermana menor de mi amigo, le están creciendo algunos dientes permanentes. Me dijo que ya tenía 7 de estos dientes. En total, Nita tiene 20 dientes. Puedo usar la variable *t* para averiguar cuántos dientes de leche le quedan.

¿Cuántos dientes?

$7 + t = 20$

$20 - 7 = t$

$20 - 7 = 13$

¡A Nita le quedan 13 dientes de leche!

EXPLOREMOS LAS MATEMÁTICAS

Mientras jugamos, un grupo de amigos de mi vecindario hablan sobre su estatura. Luis mide 55 pulgadas, Madeleine mide 56 y Jamie no sabe cuánto mide.

a. Escribe una expresión que muestre la estatura combinada de los tres amigos.

La altura combinada total de los 3 amigos es de 162 pulgadas: $55 + 56 + x = 162$

b. ¿Cuál es la estatura de Jamie?

c. ¿Quién es más alto?

Las matemáticas en el espacio

Cuando volví de jugar, mamá entró a mi habitación para ver qué hacía.

—¿Y las matemáticas en el espacio? —preguntó mamá—. Piensa en los tamaños de los planetas de nuestro **sistema solar**. Tal vez podamos crear un modelo a escala de algunos de los planetas.

Los planetas que conforman nuestro sistema solar

Mamá me contó que los **astrónomos** recopilan información proporcional sobre el sistema solar. El sistema solar es enorme en tamaño y distancia. Nuestro sistema solar tiene 8 planetas y un sol. Algunos de los planetas son más pequeños que la Tierra. Otros son mucho más grandes.

El sistema solar tiene 8 planetas. Mercurio, Venus, Tierra y Marte se conocen como *planetas interiores*. El resto de los planetas se conocen como *planetas exteriores*.

a. Escribe una ecuación para mostrar la cantidad de planetas exteriores.

b. ¿Cuántos planetas exteriores hay en nuestro sistema solar?

Papá sugirió que **investigáramos** el tamaño de los planetas y del Sol en Internet. Fue asombroso. No había notado cuán grande es el sistema solar ni cuán grandes son algunos de los planetas. El Sol es una estrella. ¡Es mucho más grande que todos los planetas de nuestro sistema solar juntos!

Sol · Mercurio · Tierra · Venus · Marte · Júpiter · Saturno · Urano · Neptuno

Cuanto más pensaba en el sistema solar, más difícil me resultaba **visualizar** el tamaño de los planetas que lo componen. Entonces, mamá me ayudó un poco más.

Primero, averiguamos el **diámetro real** del Sol y de los planetas. Mamá me hizo escribirlos. Luego me ayudó a cambiar el diámetro de los planetas ¡de kilómetros a milímetros! A continuación, mamá redujo ese número en 100 millones. Así, nuestra escala es 1 milímetro = 1,000 kilómetros.

Sol = calabaza gigan

Fue un trabajo difícil. Mamá se ayudó con una calculadora. Pero valió la pena. Mamá y yo descubrimos una forma excelente de crear un modelo a escala de los planetas y del Sol usando alimentos.

El modelo a escala me ayudó a visualizar qué tan grande es el Sol en relación con la Tierra. ¡Fue asombroso!

Estrella/ planeta	Diámetro real (km)	Diámetro reducido (mm)	Alimentos (en un tamaño proporcional aproximado)
Sol (una estrella)	1,391,980	1,392	calabaza gigante
Mercurio	4,900	4.9	grano de café
Venus	12,100	12.1	arándano grande
Tierra	12,700	12.7	cereza
Marte	6,700	6.7	guisante
Júpiter	142,000	142	toronja grande o melón
Saturno	120,000	120	naranja muy grande
Urano	51,800	51.8	kiwi
Neptuno	49,500	49.5	albaricoque o nectarina

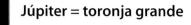

Júpiter = toronja grande

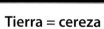

Tierra = cereza

—Ahora imagina cómo calcular las distancias proporcionales de nuestro sistema solar —dijo mamá.

Eso me hizo detenerme a pensar un poco más. Durante mi búsqueda en Internet sobre el tamaño de los planetas, aprendí la distancia de cada uno de los planetas respecto al Sol. Había leído en Internet que la Tierra está a más de 92 millones de millas (más de 148 millones de km) de distancia del Sol. Y Júpiter está a una distancia aproximada de 484 millones de millas (779 millones de km) del Sol.

EXPLOREMOS LAS MATEMÁTICAS

Solo 6 de los 8 planetas de nuestro sistema solar tienen lunas. Saturno tiene 60 lunas. Júpiter tiene 3 lunas más que Saturno. Escribe una ecuación que refleje cuántas lunas tiene Júpiter.

La tabla a continuación muestra la distancia de cada planeta respecto al Sol. Las distancias en nuestro sistema solar son verdaderamente increíbles.

Distancia de los planetas respecto al Sol

Planeta	Distancia	
	Millas	Kilómetros
Planetas interiores		
Mercurio	35,983,093	57,909,175
Venus	67,237,912	108,208,930
Tierra	92,955,819	149,597,890
Marte	141,633,262	227,936,640
Planetas exteriores		
Júpiter	483,682,805	778,412,020
Saturno	886,526,063	1,426,725,400
Urano	1,783,939,419	2,870,972,200
Neptuno	2,795,084,767	4,498,252,899

¡Eso es lejos!

Puedo usar variables y expresiones que reflejen las distancias de los planetas respecto al Sol. Marte está aproximadamente 4 veces más lejos del Sol que Mercurio. La variable m puede representar la distancia a la que se encuentra Mercurio del Sol. Entonces, la expresión $4m$ puede representar la distancia a la que se encuentra Marte del Sol.

Supongamos que mi casa fuera la Tierra, o la cereza. El Sol, o la calabaza gigante, estaría a una cuadra de distancia. Y Júpiter, o la toronja grande, estaría a unas cinco cuadras de la calabaza.

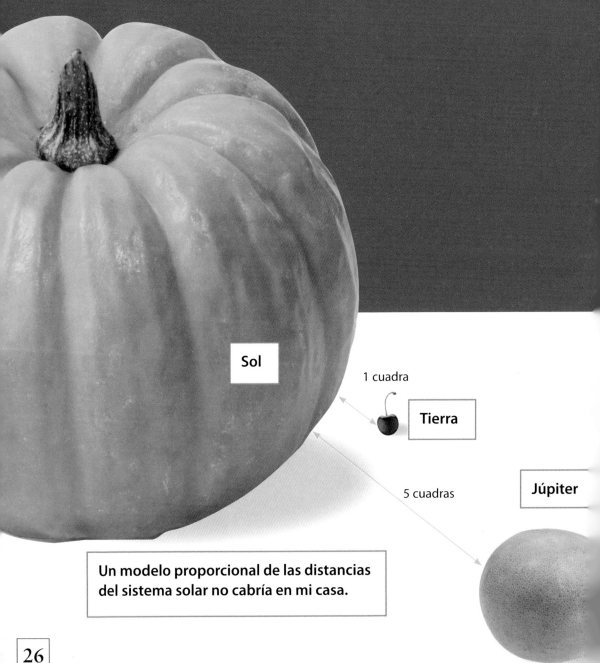

Sol

1 cuadra

Tierra

5 cuadras

Júpiter

Un modelo proporcional de las distancias del sistema solar no cabría en mi casa.

Las matemáticas aportan significado

Tenía la cabeza aturdida. En tan solo un día, aprendí muchas cosas sobre las matemáticas en el mundo que me rodea. Me encanta pensar en las matemáticas. Hacen que mi mundo sea mucho más interesante. Es increíble pensar que aprendí tanto, ¡y que todo comenzó con una pizza!

Descubrimiento espacial

Los astrónomos acaban de descubrir un nuevo sistema solar en una galaxia lejana. Tiene seis planetas que orbitan alrededor de un sol. Algunos planetas tienen, aproximadamente, el tamaño de la Tierra. Otros son mucho más grandes. Y este nuevo sistema solar tiene un total combinado de 30 lunas.

A la tabla a continuación le falta parte de la información actual que los astrónomos recolectaron sobre este nuevo sistema solar.

Los planetas del nuevo sistema solar

Nombre del planeta	Diámetro aproximado (millas)	Cantidad de lunas
Zenner	z	1
Xenox	3,000	x
Axiom	a	2
Centaur	75,000	c
Yukka	36,000	17

¡Resuélvelo!

Para cada una de las preguntas a continuación, escribe ecuaciones matemáticas usando variables que te ayuden a encontrar las respuestas.

a. Xenox tiene 15 lunas menos que Yukka. ¿Cuántas lunas tiene Xenox?

b. Centaur tiene 6 lunas más que Axiom. ¿Cuántas lunas tiene Centaur?

El diámetro de Centaur es 68,500 millas más grande que el diámetro de Zenner. El diámetro de Axiom y el de Xenox suman un total de 4,000 millas.

c. ¿Cuáles son los diámetros de los planetas Zenner y Axiom?

Usa los pasos a continuación para resolver los problemas planteados más arriba.

Paso 1: Usa la información de la tabla para escribir la pregunta **a.** como una ecuación matemática. Luego, resuelve la ecuación.

Paso 2: Usa la información de la tabla para escribir la pregunta **b.** como una ecuación matemática. Luego, resuelve la ecuación.

Paso 3: Usa la información de la tabla y la pregunta **c.** de arriba para escribir ecuaciones matemáticas. Luego, resuelve tus ecuaciones.

Glosario

astrónomos: personas que estudian los objetos y la materia fuera de la atmósfera de la Tierra

cantidad: el monto o número de algo

diámetro: una línea que une 2 puntos de un círculo y atraviesa su centro

dimensiones: las medidas de las figuras; objetos de 2 dimensiones tienen ancho y largo

ecuación: un enunciado matemático que muestra 2 números o cantidades iguales y se escribe con un signo igual

expresión: un grupo de símbolos o números que representan un número o cantidad; una frase matemática sin el signo igual

investigáramos: estudiáramos algo o lo averiguáramos

medio ambiente: el lugar en el que viven las personas y otros animales, y las circunstancias bajo las cuales viven

proporciones: una afirmación de que las razones son iguales; $\frac{4}{8} = \frac{1}{2}$

recetas: instrucciones para cocinar alimentos

reflejo: una imagen espejo de algo

representar: ocupar el lugar de; significar

simétrico: que tiene equilibrio en el tamaño, la forma y la posición en lados opuestos de una línea divisoria

sistema solar: la parte del espacio que está compuesta por todos los planetas que orbitan alrededor del sol e incluye las lunas, los cometas, los asteroides y los meteoroides

variables: símbolos o letras que representan valores desconocidos

visualizar: ver o formar una imagen en la mente

Índice

Exploremos las matemáticas

Página 5:

a. La x representa la fracción de una pizza que se comió cada niño

b. La x es igual a $\frac{2}{4}$ o a $\frac{1}{2}$ de una pizza

Página 9:

$25 + 14 + x$

Página 11:

a. $126 - 74 = x$

b. 52 pies cuadrados

c. Las respuestas variarán.

Página 15:

a. **2.** $2p = 16$

b. 8 paquetes

Página 18:

a. $55 + 56 + x$

b. La estatura de Jamie es 51 pulgadas.

c. Madeleine es la más alta.

Página 20:

a. $4 + x = 8$

b. 4 planetas

Página 24:

$60 + 3 = x$

Actividad de resolución de problemas

a. $17 - 15 = x$

$17 - 15 = 2$ lunas

Xenox tiene 2 lunas.

b. $2 + 6 = c$

$2 + 6 = 8$ lunas

Centaur tiene 8 lunas.

c. $75,000 - 68,500 = z$

$75,000 - 68,500 = 6,500$ millas de diámetro

Zenner tiene un diámetro de 6,500 millas.

$3,000 + a = 4,000$

$4,000 - 3,000 = a$

$4,000 - 3,000 = 1,000$ millas de diámetro

Axiom tiene un diámetro de 1,000 millas.